Dominando a Eletricidade
O Livro do Eletricista

João Domingos

Conteúdo

Introdução   3
- Olá Eletricista
- Elétrica, Área Nobre

- **Capítulo Um: Conceitos Básicos de Eletricidade**   6
  - Como a eletricidade funciona
  - Princípios de circuitos elétricos
  - Tipos de corrente elétrica
  - O Multímetro
  - Medição de Tensão e Corrente
  - Medição Potência e Resistência

- **Capítulo Dois: Segurança e Normas em Eletricidade**   23
  - Prevenção de acidentes elétricos
  - Normas de segurança para instalações elétricas
  - Uso correto de equipamentos de proteção
  - Inspeções elétricas regulares

Conteúdo

- **Capítulo Três: Como Fazer Uma Instalação Elétrica: Um Guia Detalhado e Seguro** 29
    - Planejamento de circuitos
    - Tipos de instalações: Residencial, comercial e Industrial
    - Tipos de sistema elétrico: Monofásico, Bifásico e Trifásico
    - Escolha de materiais e componentes
    - Fios e cabos
    - Dimensionamento dos fios e cabos: Como calcular Corrente x Potência
    - Dimensionamento de disjuntores: Qual disjuntor usar
    - Aterramento de instalações elétrica
    - Componentes do aterramento
    - Tipos do aterramento
    - Padronização de cores de fios e cabos
    - Tipos de interruptores
    - Tomadas
    - Quadro Geral de Distribuição
    - Resumo Geral da Instalação
    - Defeitos e Soluções das Instalações
- **Conclusão** 65
    - Sua Carreira na Elétrica
    - Simbologia Elétrica
    - Um Salto Gigantesco da Humanidade

INTRODUÇÃO

Olá, Eletricista.

Eu sou João Domingos, eletrotécnico desde 1984, um profissional experiente com paixão pela eletricidade, capaz e com amplo conhecimento em elétrica.

Vamos tratar de forma clara, concisa e simples os conceitos complexos traduzindo em uma linguagem acessível à todos. Seja um eletricista iniciante ou um profissional experiente buscando aprimorar seus conhecimentos, dominando a teoria e a prática da Eletricidade.

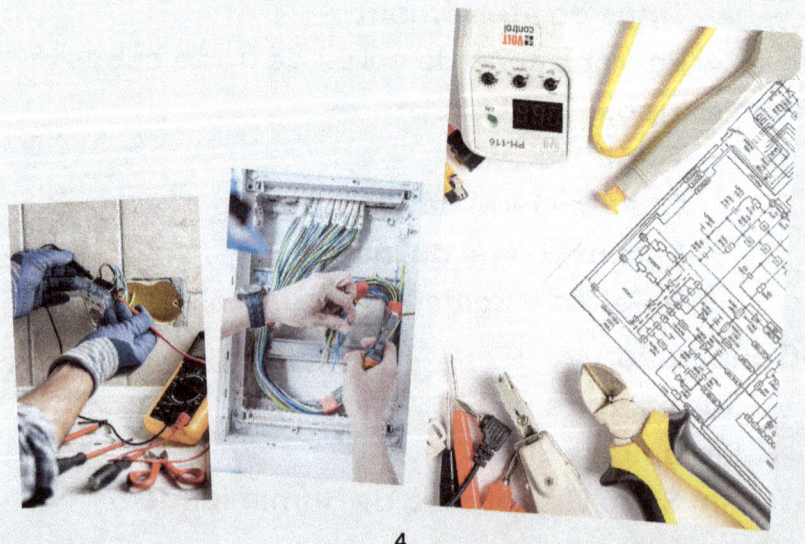

INTRODUÇÃO

Elétrica, Área Nobre.

O conhecimento na área elétrica está em constante evolução. Acompanhe as novidades tecnológicas, atualize-se sobre normas e participe de congressos e workshops para se manter sempre à frente.
Seja reconhecido como um profissional de destaque.

Lembre-se, sua carreira em eletricidade não tem limites. Com dedicação, especialização e inovação, você pode se tornar um nome respeitado no mercado, iluminando o caminho para um futuro mais próspero e sustentável.

CAPITULO UM

Conceitos Básicos da Eletricidade: Desvendando a Teia de Energia

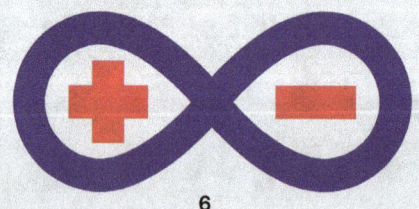

CAPITULO UM

Conceitos Básicos da Eletricidade: Desvendando a Teia de Energia

A Eletricidade

A eletricidade, essa força invisível que permeia nosso mundo, esconde uma complexa teia de conceitos que podem parecer desafiadores à primeira vista. Mas não se preocupe! Vamos desvendar juntos os princípios básicos que movem essa energia essencial.

1. Carga Elétrica:

Imagine que tudo no universo é composto por minúsculas partículas, chamadas de prótons e elétrons. Os prótons possuem carga positiva, os elétrons carga negativa, e quando há um equilíbrio entre ambos, a carga total é neutra. Mas quando esse equilíbrio se rompe, surgem as cargas elétricas:

- **Positiva:** Excesso de prótons.
- **Negativa:** Excesso de elétrons.

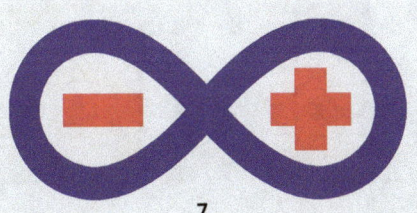

CAPITULO UM

Conceitos Básicos da Eletricidade: Desvendando a Teia de Energia

A Eletricidade

2. Corrente Elétrica:
A corrente elétrica é o fluxo ordenado de cargas elétricas através de um material condutor, como um fio. Imagine um rio de elétrons fluindo, transportando energia de um ponto para outro.

3. Tensão Elétrica:
A tensão, é a força que impulsiona a corrente elétrica. É como a diferença de altura entre duas margens de um rio, que determina a velocidade da água. A tensão é medida em Volts (V).

CAPÍTULO UM

Conceitos Básicos da Eletricidade: Desvendando a Teia de Energia

A Eletricidade

4. Resistência Elétrica:

Nem todos os materiais conduzem a eletricidade com a mesma facilidade. A resistência elétrica é a medida da dificuldade que um material oferece à passagem da corrente. É como a resistência do leito do rio ao fluxo da água. A resistência é medida em ohms (Ω).

5. Potência Elétrica:

A potência elétrica é a taxa na qual a energia elétrica é transferida. É como a quantidade de água que passa por um ponto do rio em um determinado tempo. A potência é medida em watts (W).

6. Lei de Ohm:

Essa lei fundamental relaciona os três conceitos principais da eletricidade:

Tensão (V) = Corrente (A) x Resistência (Ω)

Utilizando essa fórmula, podemos calcular qualquer um dos três valores, conhecendo os outros dois.

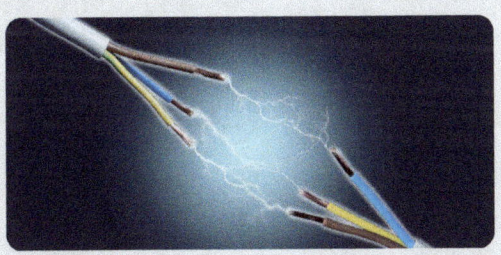

CAPÍTULO UM

Conceitos Básicos da Eletricidade: Desvendando a Teia de Energia

A Eletricidade

7. Circuitos Elétricos:

Um circuito elétrico é um caminho fechado que permite o fluxo da corrente. É como um circuito de água, com uma bomba, canos e uma roda d'água. Os componentes básicos de um circuito elétrico são:

- Fonte de energia: Fornece a força para impulsionar a corrente, como uma bateria ou uma tomada.
- Condutor: Permite a passagem da corrente, como um fio de cobre.
- Carga: Dispositivo que utiliza a energia da corrente, como uma lâmpada ou um motor.

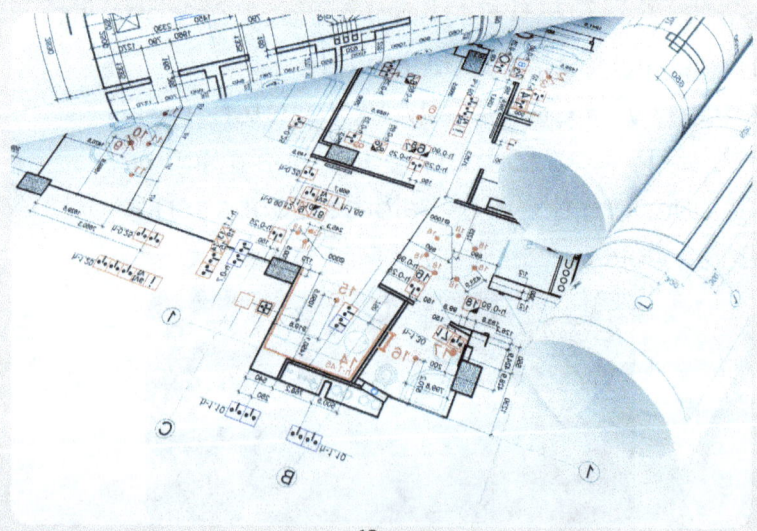

CAPÍTULO UM

Conceitos Básicos da Eletricidade: Desvendando a Teia de Energia

A Eletricidade

8. Tipos de Corrente:
- **Corrente contínua (CC):** Flui em uma única direção, como em baterias. Ex: Seu carregador de celular carrega e transforma Corrente Alternada em Corrente Contínua.
- **Corrente alternada (CA):** Flui em ambas as direções, alternando periodicamente, como na rede elétrica residencial.
-

9. Segurança Elétrica:
É fundamental ter cuidado ao lidar com eletricidade, pois pode ser perigosa. Sempre siga as normas de segurança, utilize ferramentas e equipamentos adequados e evite contato direto com fios energizados.

10. Aplicações da Eletricidade:
A eletricidade está presente em todos os aspectos da vida moderna. Iluminação, transporte, comunicação, indústria, medicina, entretenimento, tudo depende da energia elétrica.

CAPÍTULO UM

Conceitos Básicos da Eletricidade: Desvendando a Teia de Energia

A Eletricidade

Conclusão:
Os conceitos básicos da eletricidade podem parecer complexos, mas com um pouco de estudo e prática, você poderá entender como essa energia funciona e como ela se aplica no mundo ao seu redor.

Lembre-se:
- **A segurança é sempre a prioridade.**
- **A eletricidade é uma ferramenta poderosa que deve ser utilizada com responsabilidade.**
- **O conhecimento é a chave para dominar a eletricidade e usá-la para o bem.**

CAPÍTULO UM

Conceitos Básicos da Eletricidade: Desvendando a Teia de Energia

A Eletricidade

Medição de Tensão e Corrente Elétrica: Um Guia Prático

A medição de tensão e corrente é fundamental para diversos trabalhos elétricos, desde a instalação de um circuito simples até a manutenção de um sistema complexo. A escolha do instrumento correto, a configuração adequada e a observância das medidas de segurança são essenciais para obter resultados precisos e confiáveis.

Equipamentos Necessários:

- **Multímetro:** Instrumento versátil que permite medir diversos parâmetros elétricos, como tensão, corrente e resistência.
- **Alicate amperímetro:** Ideal para medir corrente em circuitos sem a necessidade de interromper o fluxo de corrente.

 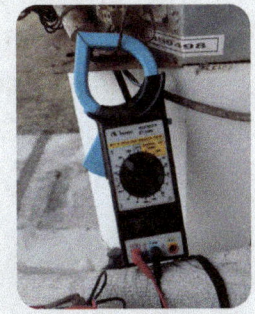

CAPÍTULO UM

Conceitos Básicos da Eletricidade: Desvendando a Teia de Energia

A Eletricidade

Medição de Tensão e Corrente Elétrica: Um Guia Prático

Tipos de Tensão e Corrente:

- **Tensão contínua (CC):** Encontrada em baterias e outros dispositivos que fornecem uma corrente constante.
- **Tensão alternada (CA):** Encontrada em tomadas e outros dispositivos que fornecem uma corrente que inverte sua direção periodicamente.
- **Corrente contínua (CC):** Flui em um único sentido.
- **Corrente alternada (CA):** Flui em ambos os sentidos, alternando periodicamente.

OBS: Nomenclatura:

1. Um bom profissional em elétrica não fala ~~Voltagem~~ e sim <u>Tensão</u> e não se fala ~~Amperagem~~ e sim <u>Corrente</u>
2. Fala-se Positivo e Negativo para tensão Contínua (CC) e Fase e Neutro, para Tensão Alternada (AC)

CAPÍTULO UM

Conceitos Básicos da Eletricidade: Desvendando a Teia de Energia

A Eletricidade

Passos para Medição de Tensão:

1. **Selecione a função de tensão no multímetro:**
   - **CC:** Símbolo V com linha reta
   - **CA:** Símbolo V com til (~)

1. **Escolha a escala de tensão adequada:**
   - Escala maior que a tensão esperada para evitar danos ao multímetro.

1. **Conecte as pontas de prova do multímetro:**
   - **Vermelha:** Terminal positivo (+)
   - **Preta:** Terminal negativo (-)

1. **Toque os pontos de medição com as pontas de prova:**
   - **Circuito CC:** Certifique-se da polaridade correta.
   - **Circuito CA:** A ordem das pontas não importa.

1. **Leia o valor da tensão no display do multímetro.**

CAPÍTULO UM

Conceitos Básicos da Eletricidade: Desvendando a Teia de Energia

A Eletricidade

Passos para Medição de Corrente:
1. Selecione a função de corrente no multímetro:
   - **CC:** Símbolo A com linha reta
   - **CA:** Símbolo A com til (~)

1. **Escolha a escala de corrente adequada:**
   - Escala maior que a corrente esperada para evitar danos ao multímetro.

2. **Abra o circuito em que deseja medir a corrente.**

3. **Conecte o multímetro em série com o circuito:**
   - **Alicate amperímetro:** Abra a garra e prenda o fio do circuito.
   - **Multímetro (função Ampère):** Utilize o cabo vermelho na entrada A e a preta no terminal COM.

5. **Ligue o circuito e leia o valor da corrente no display do multímetro.**

CAPÍTULO UM

Conceitos Básicos da Eletricidade: Desvendando a Teia de Energia

A Eletricidade

Medidas de Segurança:

- Utilize sempre equipamentos em bom estado e com as devidas certificações.
- Desligue a energia antes de realizar qualquer medição.
- Utilize EPIs adequados, como luvas e óculos de proteção.
- Siga as normas de segurança NR-10 da ABNT.

Dicas:

- Consulte o manual do multímetro para instruções específicas.
- Realize a medição em um ambiente seguro e livre de riscos.
- Tenha cuidado ao trabalhar com circuitos energizados.
- Ao realizar medições em Tensão (V) selecione sempre a escala maior e vá diminuindo caso necessário.

CAPÍTULO UM

Conceitos Básicos da Eletricidade: Desvendando a Teia de Energia

A Eletricidade

Medidas de Segurança

A medição de tensão e corrente é uma tarefa relativamente simples, mas que exige cuidado e atenção. Seguindo os passos descritos e observando as medidas de segurança, você poderá realizar medições precisas e confiáveis.

Lembre-se:
- A segurança é sempre a prioridade.
- O conhecimento é a chave para o sucesso.
- A prática leva à perfeição.

Com dedicação e cuidado, você dominará a arte da medição elétrica e se tornar um profissional completo!

CAPÍTULO UM

Conceitos Básicos da Eletricidade: Desvendando a Teia de Energia

A Eletricidade

Medição de Potência e Resistência Elétrica

Compreender os princípios da eletricidade é fundamental para diversos campos, desde a engenharia até a eletrônica. A medição precisa de potência e resistência elétrica é crucial para garantir o funcionamento seguro e eficiente de sistemas elétricos.

Equipamentos Essenciais:

- Multímetro: Um instrumento multifuncional que permite medir diversos parâmetros elétricos, como tensão, corrente e resistência.
- Wattímetro: Um dispositivo específico para medir a potência elétrica em um circuito.

Medição de Resistência:
1. Configuração do Multímetro:
    - Selecione a função ohmímetro (Ω).
    - Escolha a escala de acordo com a resistência estimada do componente a ser medido.

CAPÍTULO UM

Conceitos Básicos da Eletricidade: Desvendando a Teia de Energia

A Eletricidade

Medição de Potência e Resistência Elétrica

1. Conexão do Multímetro:
    - Desligue o circuito e aguarde a descarga de capacitores internos.
    - Conecte os cabos do multímetro aos terminais do componente.
    - Certifique-se de que a polaridade esteja correta (Em CC: vermelho no positivo e preto no negativo).

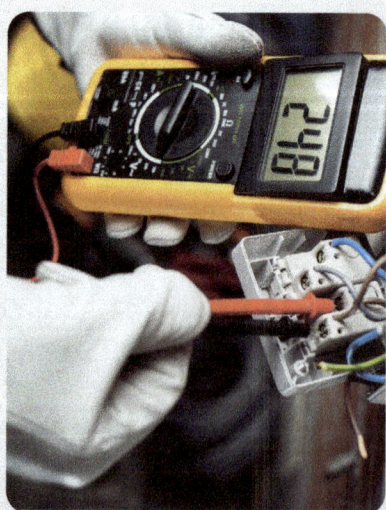

CAPÍTULO UM

Conceitos Básicos da Eletricidade: Desvendando a Teia de Energia

A Eletricidade

Leitura da Resistência:
- Observe o valor no display do multímetro.
- Anote a unidade de medida (Ω).

Medição de Potência:
1. Configuração do Multímetro:
   - Selecione a função voltímetro (V) para medir a tensão.
   - Selecione a função amperímetro (A) para medir a corrente.
2. Conexão do Multímetro:
   - Meça a tensão em paralelo com o componente.
   - Meça a corrente em série com o componente.
3. Cálculo da Potência:
   - Utilize a fórmula: Potência (**P**) = Tensão (**V**) x Corrente (**A**)
   - Anote a unidade de medida (**W**).

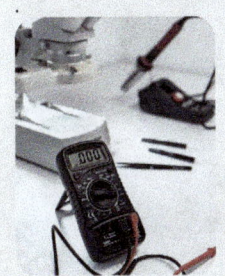

CAPÍTULO UM

Conceitos Básicos da Eletricidade: Desvendando a Teia de Energia

A Eletricidade

Dicas para Medições Precisas:
- Utilize um multímetro de qualidade e com boa resolução.
- Certifique-se de que as conexões estejam firmes e corretas.
- Realize as medições em um ambiente seguro e livre de interferências.
- Consulte o manual do multímetro para obter instruções específicas.
- Mantenha sempre bem conservadas as pontas de prova

CAPÍTULO DOIS

Segurança e Normas em Eletricidade: Protegendo Você e o Seu Lar

CAPÍTULO DOIS

Segurança e Normas em Eletricidade: Protegendo Você e o Seu Lar

A Segurança

A Eletricidade é uma força poderosa que nos permite viver com conforto e modernidade. No entanto, se não utilizada com cuidado, pode ser perigosa.

As normas e medidas de segurança em eletricidade são cruciais para prevenir acidentes e garantir a proteção de pessoas e bens.

No Brasil, a segurança elétrica é regulamentada por diversas normas e órgãos:

- **ABNT** (Associação Brasileira de Normas Técnicas): elabora as normas técnicas que definem os requisitos mínimos de segurança para instalações elétricas.
- **NR-10** (Norma Regulamentadora Nº 10): norma do Ministério do Trabalho e Previdência que estabelece os requisitos de segurança para instalações e serviços em eletricidade.
- **Inmetro** (Instituto Nacional de Metrologia, Qualidade e Tecnologia): responsável pela certificação de produtos elétricos e pela fiscalização do cumprimento das normas.

CAPÍTULO DOIS

Segurança e Normas em Eletricidade: Protegendo Você e o Seu Lar

A Segurança

As normas brasileiras em eletricidade garantem a segurança de todos:

- **NR-10:** define os requisitos de segurança para instalações e serviços em eletricidade, desde a escolha dos materiais até a execução dos serviços.
- **NBR 5410:** norma da ABNT que estabelece os requisitos mínimos para instalações elétricas de baixa tensão em edificações.
- **Outras normas:** definem requisitos específicos para diferentes tipos de instalações, como instalações industriais, hospitalares e comerciais.

Algumas outras Normas de Segurança

- NR-10 SEP Sistema Elétrico de Potência
- NR-20 Trabalho c/ Inflamáveis e Combustíveis
- NR-32 Trabalho c/ Ferramentas e Máquinas
- NR-33 Trabalho em Espaço Confinado
- NR-35 Trabalho em Altura

CAPÍTULO DOIS

Segurança e Normas em Eletricidade: Protegendo Você e o Seu Lar

A Segurança

4. Algumas medidas básicas de segurança em eletricidade:

- Utilizar materiais elétricos de boa qualidade e com certificação do Inmetro.
- Manter as instalações elétricas em boas condições de conservação.
- Evitar contato com fios energizados.
- Desligar a energia antes de realizar qualquer serviço elétrico.
- Utilizar EPIs (Equipamentos de Proteção Individual) adequados, como luvas isolantes e botas de segurança.
- Não sobrecarregar tomadas e extensões com T e adaptadores, usando Filtro de Linha.
- Ter cuidado ao utilizar eletrodomésticos em ambientes úmidos.
- Ensinar as crianças sobre os perigos da eletricidade.

==Lembre-se que: ELETRICIDADE MATA!==

A passagem da corrente elétrica pelo corpo humano pode produzir queimaduras graves e morte por asfixia ou, ainda, parada cardíaca.
A gravidade dos efeitos e lesões depende da duração e intensidade da corrente.

CAPÍTULO DOIS

Segurança e Normas em Eletricidade: Protegendo Você e o Seu Lar

A Segurança

Em caso de acidente elétrico:
- Desligue a energia imediatamente.
- Se a vítima estiver em contato com a corrente, utilize um material isolante para afastá-la.
- Nunca dê água ou outro líquido em pessoas inconscientes
- Verifique se a vítima está respirando e se tem pulso.
- Se necessário, realize os primeiros socorros e acione o serviço de emergência.
- Considere aprimorar seus conhecimentos de como socorrer vítimas de acidentes em elétrica.

CAPÍTULO DOIS

Segurança e Normas em Eletricidade: Protegendo Você e o Seu Lar

A Segurança

4. Seguindo as normas e medidas de segurança, você garante a proteção de si mesmo, de sua família e de seu patrimônio.

Lembre-se:
- A segurança em eletricidade não é um custo, mas sim um investimento.
- É fundamental ter conhecimento sobre os perigos da eletricidade e as medidas de segurança para evitá-los.
- Profissionais qualificados devem realizar a instalação e manutenção de sistemas elétricos.

Com conhecimento, cuidado e responsabilidade, podemos construir um ambiente elétrico seguro para todos!

Para aprofundar seus conhecimentos:
- Consulte as normas da ABNT e do Inmetro.
- Participe de cursos e treinamentos sobre segurança em eletricidade.
- Busque orientação de profissionais da segurança no trabalho.

Juntos, podemos construir um futuro mais seguro e eletrificante!

CAPÍTULO TRÊS

Como Fazer Uma Instalação Elétrica: Um Guia Detalhado e Seguro

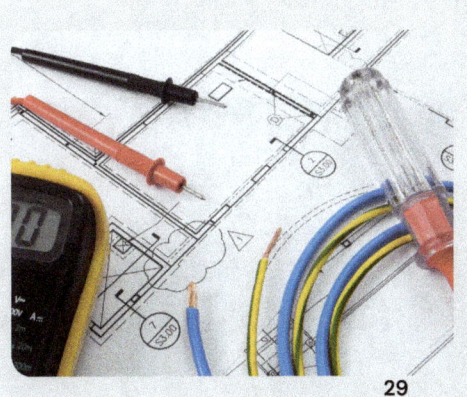

CAPÍTULO TRÊS

Como Fazer Uma Instalação Elétrica: Um Guia Detalhado e Seguro

A Instalação

Etapas da Instalação Elétrica:

1. Planejamento:
- Defina o tipo de instalação: residencial, comercial ou industrial.
- Determine a carga total da instalação: some a potência de todos os equipamentos, eletrodomésticos, ar condicionado, chuveiros, etc. que serão utilizados.
- Faça uma relação de todos os materiais adequados: cabos, fios, disjuntores, tomadas e interruptores.
- Caso não tenha um projeto elétrico, elabore um diagrama elétrico: detalhando a disposição dos componentes da instalação.

Tenha em mente que um trabalho bem planejado é um trabalho bem feito.

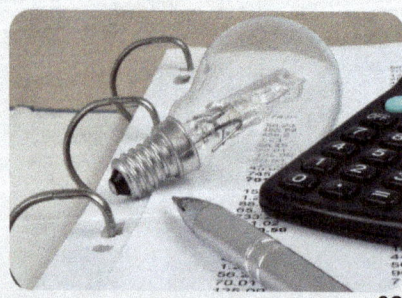 

CAPÍTULO TRÊS

Como Fazer Uma Instalação Elétrica: Um Guia Detalhado e Seguro

A Instalação

Etapas da Instalação Elétrica:
1. Planejamento:
Tipos de instalação:
    - Residencial ou Comercial, são instalações com um consumo menor e bem definido. É composta por:
- Cabos Flexíveis
- Interruptores
- Tomadas
- Lâmpadas, luminárias, lustres, etc.
- Disjuntores DIN, NEMA, DR, etc.
- DPS (Dispositivo de Proteção de Surtos)
- Quadro de Distribuição
- Aterramento

    - Industrial é uma instalação que envolve cargas maiores e equipamentos e máquinas com mais robustez. Portanto, cabos e disjuntores utilizados, devem ser de dimensões maiores. Instalações Industriais normalmente, têm um projeto elétrico feito por um engenheiro eletricista ou um eletrotécnico. Sendo assim, cabe ao eletricista instalador apenas executar a instalação.

CAPÍTULO TRÊS

Como Fazer Uma Instalação Elétrica: Um Guia Detalhado e Seguro

A Instalação

Características das Redes Elétricas

Tipos de Sistemas Elétricos:

Os sistemas elétricos são classificados de acordo com o número de fases que os compõem. Cada fase é uma onda de corrente alternada que se desloca em relação às outras. As principais diferenças entre os tipos de sistemas elétricos estão na forma como a energia é distribuída e nas suas aplicações.

O sistema de alimentação das redes elétricas podem ser de três tipos:

1. Monofásico
2. Bifásico
3. Trifásico

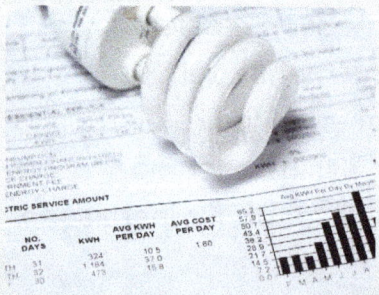

CAPÍTULO TRÊS

Como Fazer Uma Instalação Elétrica: Um Guia Detalhado e Seguro

A Instalação

Características das Redes Elétricas

Tipos de Sistemas Elétricos:

Tipos de instalação:

Sistema Monofásico:
- Possui apenas uma fase e um fio neutro.
- É o sistema mais comum em residências e pequenos comércios.
- A tensão padrão no Brasil é de 127V ou 220V.
- Vantagens: simplicidade de instalação e baixo custo.
- Desvantagens: menor potência e capacidade de corrente.

Aplicações:
- **Sistema Monofásico:** ideal para residências, apartamentos, pequenos escritórios e lojas.

CAPÍTULO TRÊS
Como Fazer Uma Instalação Elétrica: Um Guia Detalhado e Seguro

A Instalação

Características das Redes Elétricas

Tipos de Sistemas Elétricos:

Tipos de instalação:
Sistema Bifásico:
- Possui duas fases e um fio neutro.
- É utilizado em algumas regiões do Brasil e em alguns países da América Latina.
- A tensão padrão no Brasil é de 220V.
- Vantagens: oferece maior potência que o sistema monofásico.
- Desvantagens: mais complexo que o sistema monofásico.

Aplicações:

- **Sistema Bifásico:** utilizado em algumas regiões do Brasil para alimentar motores elétricos de pequena e média potência.
- **MRT** (Monofásico c/ Retorno por Terra), as instalações rurais são classificadas como bifásicas, que tem a tensão de 127V e 254V

CAPÍTULO TRÊS

Como Fazer Uma Instalação Elétrica: Um Guia Detalhado e Seguro

A Instalação

Características das Redes Elétricas

Tipos de Sistemas Elétricos:

Tipos de instalação:

Sistema Trifásico:
- Possui três fases e um fio neutro.
- É o sistema mais utilizado em grandes empresas, indústrias e edifícios comerciais.
- A tensão padrão no Brasil é de 220V, 380V ou 440V para Baixa Tensão (BT) ou 660V, 750V e 1KV para Média Tensão (MT) e acima para Alta Tensão (AT)
- Vantagens: mais potência e eficiência energética.
- Desvantagens: mais complexo.

Aplicações:
- **Sistema Trifásico:** ideal para grandes empresas, indústrias, edifícios comerciais, motores elétricos de grande potência e máquinas que demandam alta corrente.

CAPÍTULO TRÊS

Como Fazer Uma Instalação Elétrica: Um Guia Detalhado e Seguro

A Instalação

Tipos de Sistemas Elétricos:

Tipos de instalação:

Qual sistema escolher?
A escolha do sistema elétrico ideal depende de diversos fatores, como:
- Potência necessária: o sistema trifásico é ideal para grandes potências, enquanto o monofásico é suficiente para pequenas potências.
- Disponibilidade de energia: o sistema trifásico nem sempre está disponível em todas as regiões.
- Custo: a carga necessária, é fator decisivo na escolha do sistema elétrico.

Com conhecimento e cuidado, você poderá escolher o sistema elétrico ideal para sua casa ou empresa!

CAPÍTULO TRÊS

Como Fazer Uma Instalação Elétrica: Um Guia Detalhado e Seguro

A Instalação

Fios e Cabos

- Fios (sólidos) é um condutor metálico constituído por um único filamento.
- Cabos Flexíveis é um condutor metálico por um conjunto de filamentos.

Cabos flexíveis 0,6/1 kV - PVC 70°C							
Condutor Fase	Corrente	Comprimento máximo do circuito em função da queda de tensão de 5%			Condutor Neutro	Condutor Proteção (Terra)
		220 V	380 V	440 V	mínimos	
mm²	(A)	m	m	m	mm²	mm²
0,5	8	-	-	-	-	-
0,75	10	-	-	-	-	-
1	12	-	-	-	-	-
1,5	15,5	35	61	70	1,5	1,5
2,5	21	42	73	84	2,5	2,5
4	28	50	87	101	4	4
6	36	59	101	118	6	6
10	50	69	119	138	10	10
16	68	81	140	162	16	16
25	89	94	162	187	25	16
35	110	102	176	204	25	16
50	134	109	189	219	25	25
70	171	117	202	234	35	35
95	207	124	213	247	50	50
120	239	128	221	256	70	70
150	275	129	223	258	70	95
185	314	130	224	259	95	95
240	370	129	223	259	120	120
300	426	123	212	246	150	150

Tabela 204 - de acordo com capítulo 6.2.5 - tabela 36 da norma ABNT NBR 5410/2004

CAPÍTULO TRÊS

Como Fazer Uma Instalação Elétrica: Um Guia Detalhado e Seguro

A Instalação

Fios e Cabos

O bom dimensionamento de fios e cabos deve ser criteriosa com base na tabela disponibilizada.

A soma da corrente não pode ser maior que suportada pelo condutor.

As formas de encontrar a corrente são:

- Leia as informações no produto
- Pegue a carga em Watts (P) divida pela Tensão (V)

Corrente= Potência / Tensão
A = P / V

1.3 FÓRMULAS DE ELETRICIDADE

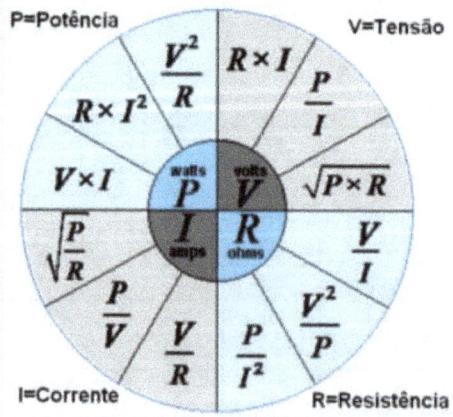

CAPÍTULO TRÊS

Como Fazer Uma Instalação Elétrica: Um Guia Detalhado e Seguro

A Instalação

Veja estes exemplo de utilização de fios e cabos em instalações elétricas:

- 1,5mm²   Iluminação, eletrodomésticos de média potência
- 2,5mm²   Tomadas comuns
- 4,0mm²   Tomadas de ar condicionado, forno elétrico, micro ondas, lavadoras, etc.
- 6,0mm²   Chuveiros, lavadoras
- 16 mm²   Fiação principal até 70A, levando ao quadro de distribuição geral (QDG)

Distribuição

A distribuição é a parte onde o eletricista divide a instalação em circuitos, respeitando a carga de cada setor.

Normalmente se faz dois circuitos de iluminação, dois ou três de tomadas comuns e para ar, chuveiro e lavadoras um circuito.

CAPÍTULO TRÊS

Como Fazer Uma Instalação Elétrica: Um Guia Detalhado e Seguro

A Instalação

Os Disjuntores

O dimensionamento de um disjuntor começa com o entendimento que ele protege a fiação.

Sendo assim, se um cabo de 1,5mm² tem a capacidade máxima de 15,5 A, o disjuntor deve ser de 10A. Da mesma forma não pode usar um disjuntor maior que 20 A para um cabo de 2,5mm².

O disjuntor geral deve ser também dimensionado de acordo com a fiação principal. no caso de ser 16mm², pode-se usar no máximo um disjuntor de 63A.

O QDG deve ser posicionado na parte interna do prédio, no lugar mais centralizado e acessível. Nunca atrás de portas ou lugares de difícil acesso.

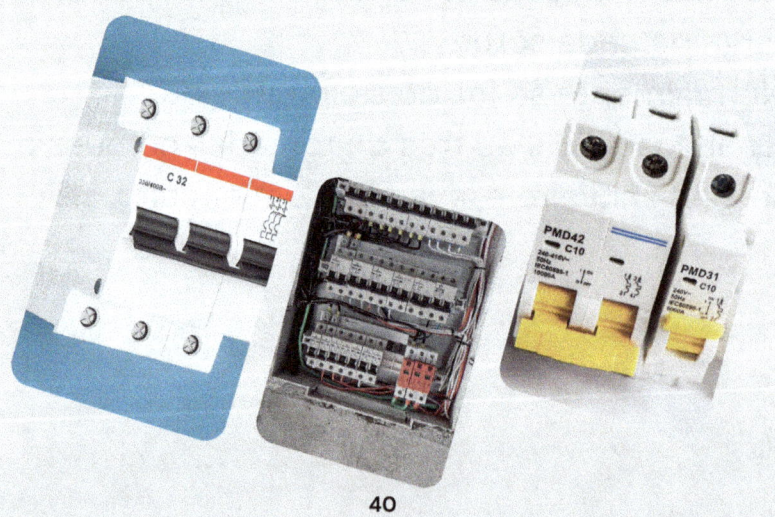

CAPÍTULO TRÊS

Como Fazer Uma Instalação Elétrica: Um Guia Detalhado e Seguro

A Instalação

Aterramento em Instalações Elétricas: Protegendo Você e Sua Família

O aterramento é um componente fundamental em uma instalação elétrica, proporcionando segurança para as pessoas e os equipamentos. Ele funciona como um caminho de baixa resistência para a corrente elétrica em caso de falha, desviando-a de pessoas e objetos.

Imagine um cano d'água:
- A água flui pelo cano com facilidade.
- Se o cano tiver um furo, a água vaza e pode causar danos.
- O aterramento é como um segundo cano, que leva a água para um local seguro, evitando danos.

Em uma instalação elétrica:
- A eletricidade flui pelos fios.
- Se um fio tiver um problema, a eletricidade pode escapar e causar choque elétrico.
- O aterramento leva a eletricidade para a terra, evitando choques.

CAPÍTULO TRÊS

Como Fazer Uma Instalação Elétrica: Um Guia Detalhado e Seguro

A Instalação

Elementos do Aterramento:

- **Haste de aterramento:** cravada no solo, geralmente de metal.
- **Condutor de aterramento:** fio que liga a haste à instalação elétrica.
- **Barra de aterramento:** peça metálica que conecta o condutor de aterramento aos demais componentes da instalação.

Benefícios do Aterramento:

- **Segurança:** protege contra choques elétricos em caso de falha na instalação.
- **Proteção de equipamentos:** protege eletrodomésticos e outros equipamentos contra surtos de tensão.
- **Melhoria no desempenho:** garante o funcionamento correto de alguns equipamentos, como computadores e sistemas de segurança.

CAPÍTULO TRÊS

Como Fazer Uma Instalação Elétrica: Um Guia Detalhado e Seguro

A Instalação

Elementos do Aterramento:

Tipos de Aterramento:

- **Aterramento TN-S:** sistema mais seguro, com condutor de proteção (PE) separado do condutor neutro (N).
- **Aterramento TN-C:** sistema mais simples, com condutor PEN que combina as funções de proteção e neutro.
- **Aterramento TT:** sistema com aterramento independente da rede elétrica, utilizado em áreas com alta resistividade do solo.

Importante:

- A instalação do aterramento deve ser feita por um eletricista qualificado, seguindo as normas da ABNT (Associação Brasileira de Normas Técnicas).
- O aterramento deve ser mantido em boas condições de conservação.

CAPÍTULO TRÊS

Como Fazer Uma Instalação Elétrica: Um Guia Detalhado e Seguro

A Instalação

Lembre-se:
- O aterramento é uma medida de segurança essencial para sua casa ou empresa.
- Não economize na segurança: invista em um aterramento adequado e proteja sua família e seus bens.

Com conhecimento e cuidado, você poderá ter uma instalação elétrica segura e eficiente!

CAPÍTULO TRÊS

Como Fazer Uma Instalação Elétrica: Um Guia Detalhado e Seguro

A Instalação

Padronização da Cores

As cores dos fios e cabos em uma instalação elétrica são padronizadas pela norma NBR 5410 da ABNT (Associação Brasileira de Normas Técnicas). Essa padronização facilita a identificação dos condutores e garante a segurança da instalação.

Fios Fase:

- **Preto, branco, marrom ou vermelho:** indicam a fase da instalação. A cor específica pode variar de acordo com a região ou a companhia de energia.

Fio Neutro:

- **Azul claro:** indica o fio neutro, que completa o circuito elétrico.

Fio de Retorno:

- **Amarelo:** indica o fio de retorno, que como o próprio nome diz, retorna, saindo do interruptor até a lâmpada.

 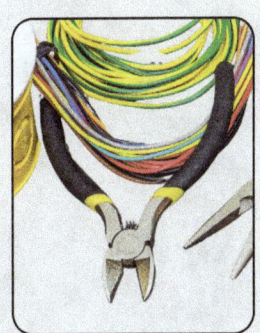

CAPÍTULO TRÊS

Como Fazer Uma Instalação Elétrica: Um Guia Detalhado e Seguro

A Instalação

Padronização da Cores

Fio Terra:
- Verde ou verde-amarelo: indica o fio terra, que serve como proteção contra choques elétricos.

Outras Cores:
- **Branco:** pode ter sido usado para o fio neutro em algumas instalações antigas.
- **Cinza:** pode ter sido usado para o fio fase em algumas instalações trifásicas.

Importante:
- É fundamental seguir a padronização de cores para garantir a segurança da instalação.

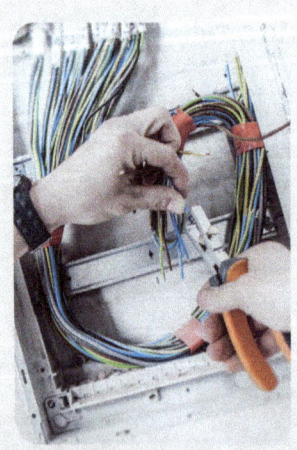

CAPÍTULO TRÊS

Como Fazer Uma Instalação Elétrica: Um Guia Detalhado e Seguro
A Instalação

CAPÍTULO TRÊS

Como Fazer Uma Instalação Elétrica: Um Guia Detalhado e Seguro

A Instalação

Veja a seguir exemplos de Sistema de Iluminação

Ligação de uma lâmpada comandada por um interruptor simples.

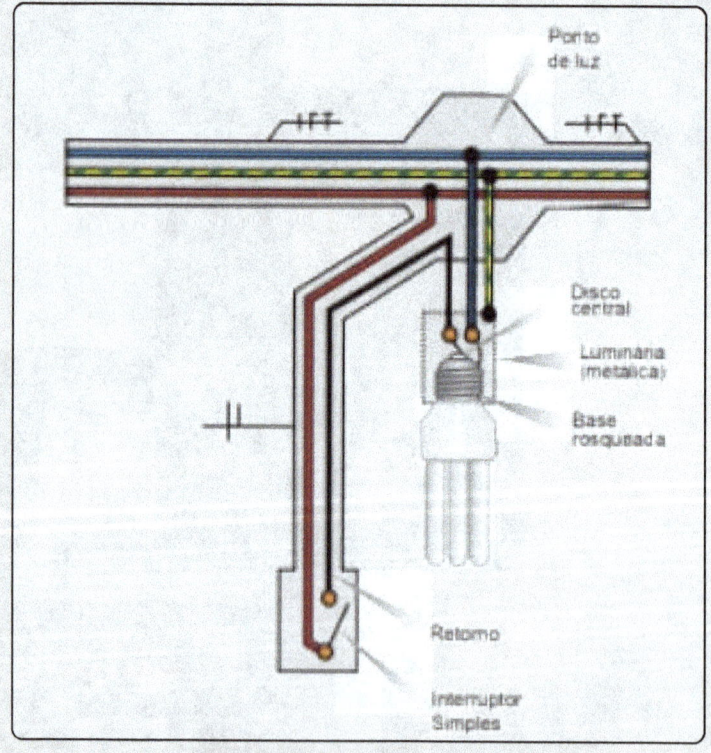

Ligar sempre a fase ao interruptor
O retorno ao disco central da lâmpada
O neutro ao contato rosqueado
O terra a parte metálica da luminária

CAPÍTULO TRÊS

Como Fazer Uma Instalação Elétrica: Um Guia Detalhado e Seguro

A Instalação

Ligação de mais de uma lâmpada comandada por um interruptor simples:

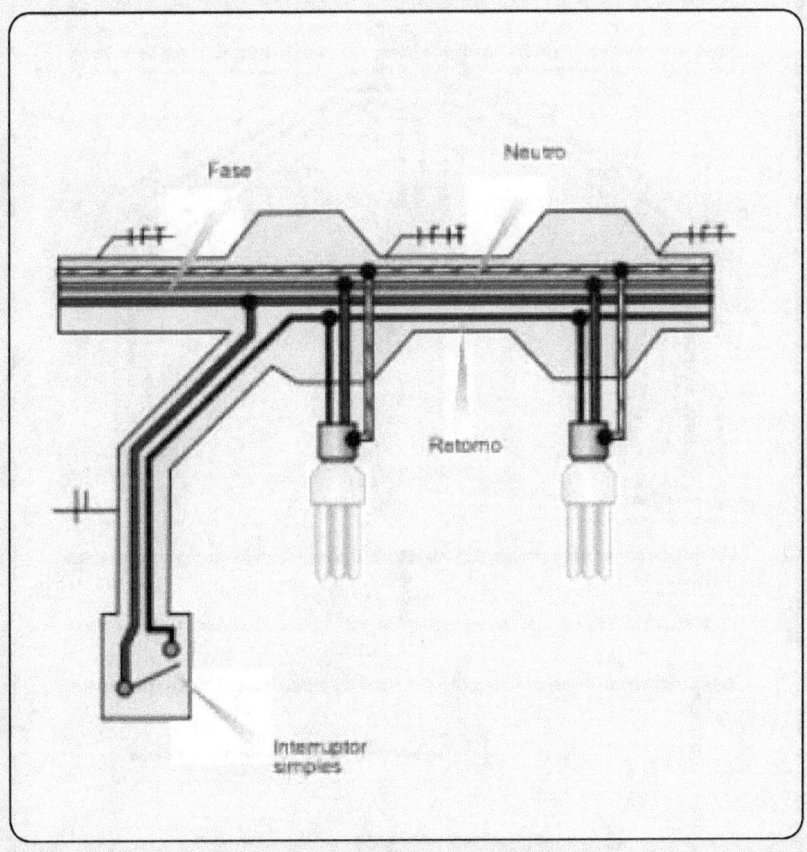

CAPÍTULO TRÊS

Como Fazer Uma Instalação Elétrica: Um Guia Detalhado e Seguro

A Instalação

Ligação de mais de uma lâmpada comandada por dois pontos com interruptor paralelo:

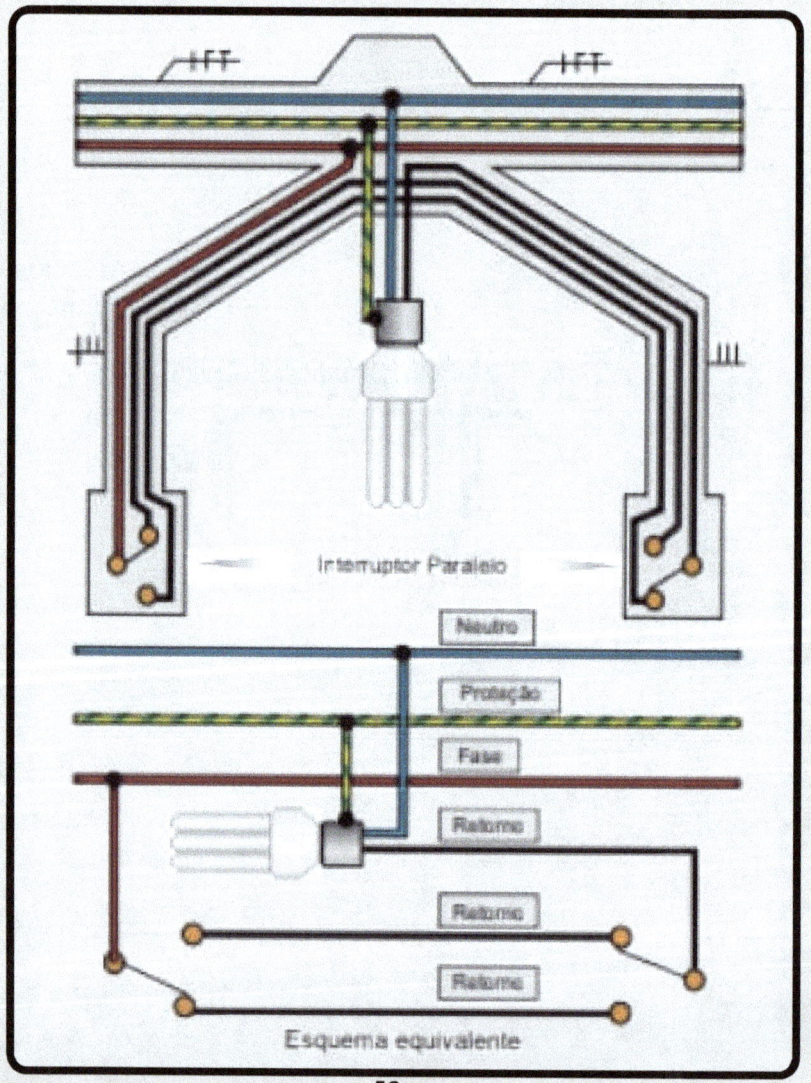

CAPÍTULO TRÊS

Como Fazer Uma Instalação Elétrica: Um Guia Detalhado e Seguro

A Instalação

Ligação de lâmpada comandada por três ou mais pontos com interruptor paralelo e intermediário:

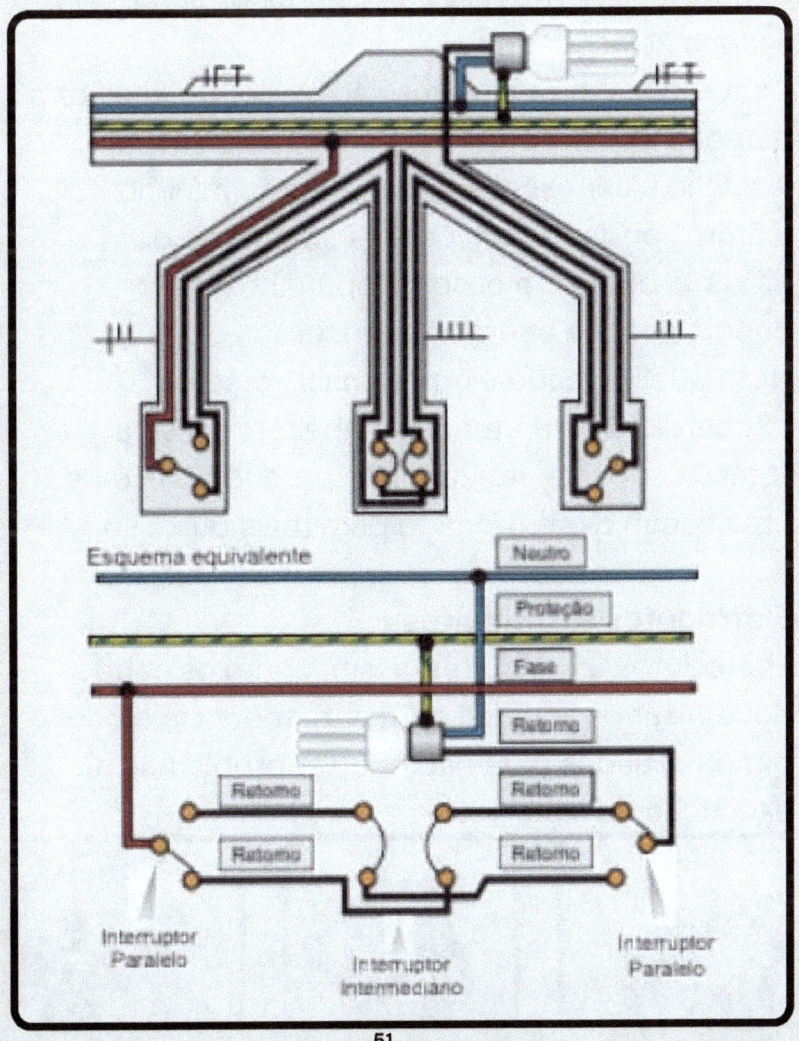

CAPÍTULO TRÊS

Como Fazer Uma Instalação Elétrica: Um Guia Detalhado e Seguro

A Instalação

Tomadas

Fiação

A instalação de tomadas começa pelo dimensionamento de quais aparelhos serão ligados nelas.

As tomadas mais comuns são as de 10A, mas tem a opção de 20A para o caso de cargas maiores. A fiação a ser escolhida deve ser no mínimo 2,5mm², podendo em casos específicos de 4,0mm², como é o caso de aparelhos de ar condicionados e fornos elétricos.

Note que um cabo elétrico mais grosso é desperdício de material e dinheiro, pois se a tomada suporta até 20A, não procede o uso de uma fiação dimensionada para mais que isso.

Eletrodutos e Conduítes

Eletrodutos e conduítes, assim como os cabos, devem ser escolhidos com antecedência e bem dimensionadas para não ocorrer problemas na execução da instalação.

CAPÍTULO TRÊS

Como Fazer Uma Instalação Elétrica: Um Guia Detalhado e Seguro

A Instalação

Tomadas

Circuitos de Tomadas.

Os circuitos que saem do QDG, agrupam várias tomadas dado seu setor e dimensionamento. Isso respeitando uma carga que não sobrecarrega os valores dos cabos e disjuntores em questão.

No caso de instalação aéreas, os cabos dever ser presos à roldanas plásticas por abraçadeiras.

As conexões devem ser o mais próximo possível. Além disso essas conexões(emendas) devem também, serem bem apertadas e muito bem isoladas.

Todas as tomadas devem ter um condutor de aterramento.

Na ligação das tomadas o terra sempre é o borne central.

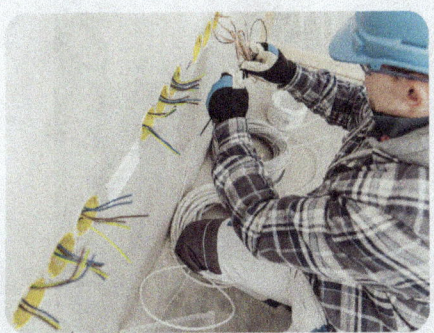

CAPÍTULO TRÊS

Como Fazer Uma Instalação Elétrica: Um Guia Detalhado e Seguro

A Instalação

Fechamento do Quadro de Distribuição Geral - QDG:

O fechamento do QDG, ou Painel Elétrico, é quando o eletricista une todos os cabos de todos os circuitos ligando-os ao seus respectivos disjuntores, respeitando uma sequência do maior para o menor.

O primeiro a ser conectado é o da rede principal, que veio do Padrão.
Em seguida liga-se os de maior potência.
É de suma importância que estas conexões sejam bem apertadas.
Para um serviço ser bem visto deve-se organizar os cabos em curvas acentuadas junto às paredes do quadro, deixando os disjuntores livres.

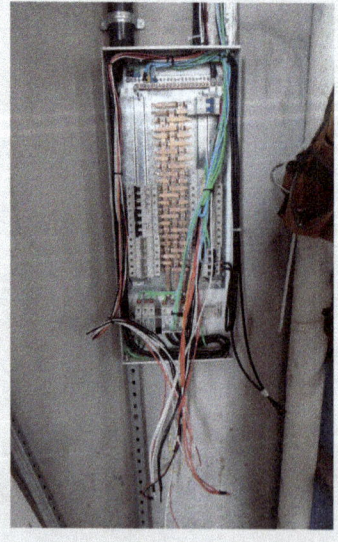
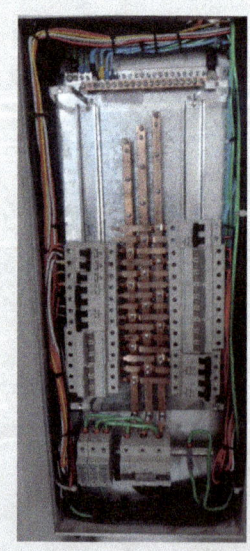

CAPÍTULO TRÊS

Como Fazer Uma Instalação Elétrica: Um Guia Detalhado e Seguro

A Instalação

Fechamento do Quadro de Distribuição Geral – QDG:

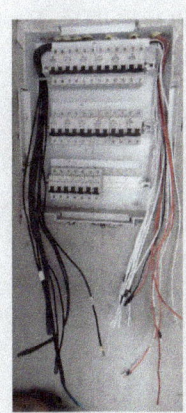

Testes e Ajustes:

- Ligue a energia e verifique se a instalação está funcionando corretamente.
- Faça os ajustes necessários

CAPÍTULO TRÊS

Como Fazer Uma Instalação Elétrica: Um Guia Detalhado e Seguro

A Instalação

Resumo Geral da Instalação

Etapas da Instalação Elétrica:
1. Planejamento:
   - Defina o tipo de instalação: residencial, comercial ou industrial.
   - Determine a carga total da instalação: some a potência de todos os equipamentos que serão utilizados.
   - Escolha os materiais adequados: cabos, fios, disjuntores, tomadas e interruptores.

Elabore um diagrama elétrico: detalhando a disposição dos componentes da instalação.

CAPÍTULO TRÊS

Como Fazer Uma Instalação Elétrica: Um Guia Detalhado e Seguro

A Instalação
Resumo Geral da Instalação

Etapas da Instalação Elétrica:

2. Execução:
   - Passe os cabos e fios: utilize eletrodutos para protegê-los.
   - Instale os disjuntores: no quadro de distribuição.
   - Coloque as tomadas e interruptores: nas paredes ou rodapés.
   - Faça as conexões elétricas: com cuidado e seguindo as normas técnicas.
3. Testes e Ajustes:
   - Ligue a energia e verifique se a instalação está funcionando corretamente.
   - Faça os ajustes necessários: ajuste a altura das tomadas e interruptores, se necessário.

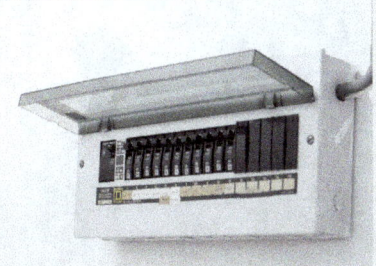

CAPÍTULO TRÊS

Como Fazer Uma Instalação Elétrica: Um Guia Detalhado e Seguro

A Instalação

Resumo Geral da Instalação

Etapas da Instalação Elétrica:

Dicas Importantes:
- Utilize materiais de boa qualidade e com certificação do Inmetro.
- Siga as normas da ABNT (Associação Brasileira de Normas Técnicas).
- Utilize EPIs (Equipamentos de Proteção Individual) adequados.
- Tenha cuidado ao trabalhar com eletricidade.

Para adquirir experiência, considere fazer parceria com um eletricista qualificado.

CAPÍTULO TRÊS

Como Fazer Uma Instalação Elétrica: Um Guia Detalhado e Seguro

A Instalação

Resumo Geral da Instalação

Dicas Importantes:

Recursos Adicionais:

Com conhecimento, cuidado e responsabilidade, você poderá fazer uma instalação elétrica segura e eficiente!

Para aprofundar seus conhecimentos:
- Consulte as normas da ABNT e do Inmetro.
- Participe de cursos e treinamentos sobre instalações elétricas.
- Forme grupos com parceiros da elétrica

CAPÍTULO TRÊS

Como Fazer Uma Instalação Elétrica: Um Guia Detalhado e Seguro

A Instalação

Defeitos em Instalações Elétricas: Guia de Identificação e Solução.

Introdução:
Os defeitos em instalações elétricas são comuns e podem causar diversos problemas, desde incômodos leves até sérios riscos à segurança, como choques elétricos e incêndios. É importante saber identificá-los e resolvê-los de forma rápida e segura

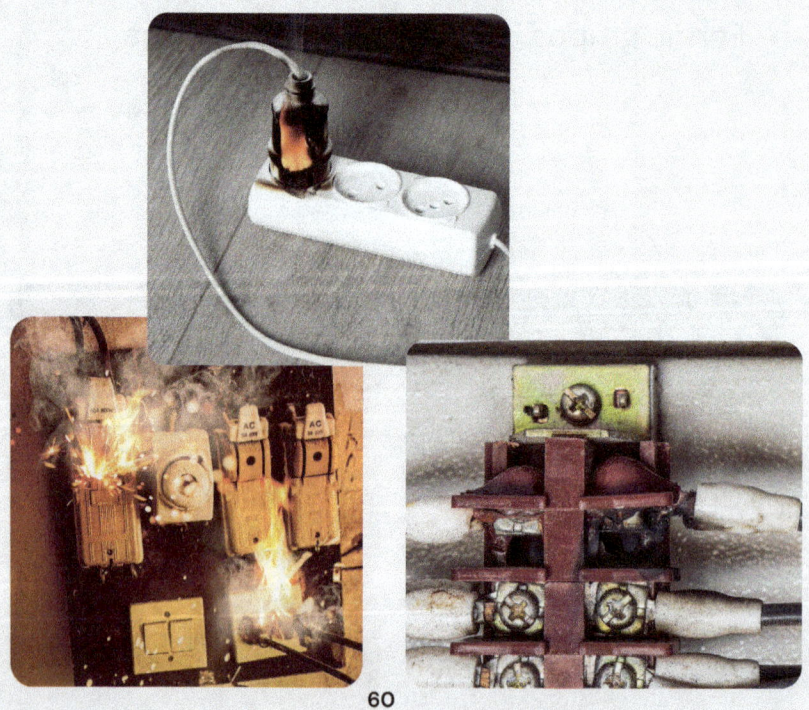

CAPÍTULO TRÊS

Como Fazer Uma Instalação Elétrica: Um Guia Detalhado e Seguro

A Instalação

Defeitos em Instalações Elétricas: Guia de Identificação e Solução.

Tipos de Defeitos:
- **Curto-circuito:** ocorre quando há contato direto entre a fase e o neutro ou terra, gerando grande corrente e podendo causar incêndios.
- **Sobrecarga:** ocorre quando a corrente que passa pelos fios é superior à sua capacidade, podendo danificar os fios e provocar incêndios.
- **Falta de aterramento:** a falta de aterramento pode causar choques elétricos em caso de falha na instalação.

CAPÍTULO TRÊS

Como Fazer Uma Instalação Elétrica: Um Guia Detalhado e Seguro

A Instalação

Defeitos em Instalações Elétricas: Guia de Identificação e Solução.

- **Fios danificados:** fios desgastados, com isolamento rompido ou emendas mal feitas podem causar curto-circuito ou incêndios.
- **Disjuntores desarmados:** disjuntores desarmados frequentemente podem indicar sobrecarga na instalação.
- **Tomadas e interruptores com defeito:** podem causar choques elétricos ou mau contato.

Sinais de Defeitos:

- Luzes piscando ou oscilando.
- Queda de energia em um ou mais cômodos.
- Disjuntores desarmando frequentemente.
- Cheiro de queimado vindo da instalação elétrica.
- Fios com isolamento danificado ou emendas mal feitas.
- Tomadas e interruptores com mau contato ou faíscas.

CAPÍTULO TRÊS

Como Fazer Uma Instalação Elétrica: Um Guia Detalhado e Seguro

A Instalação

Guia de Identificação e Solução.

Como Resolver:

- **Desligue a energia:** antes de qualquer tentativa de reparo, desligue a energia geral da casa ou do local.
- **Identifique o defeito:** procure por sinais de curto-circuito, sobrecarga, fios danificados, disjuntores desarmados ou problemas em tomadas e interruptores.
- **Procure parceiros:** se você não se sentir seguro para realizar o reparo, converse com um parceiro eletricista para sobre o problema.

Prevenção:

- **Manutenção preventiva:** realize revisões periódicas na instalação elétrica.
- **Utilize materiais de qualidade:** utilize materiais certificados pelo Inmetro na instalação elétrica.
- **Evite sobrecarga:** não utilize adaptadores ou extensões de forma permanente.
- **Fique atento aos sinais de defeito:** ao notar qualquer sinal de defeito, tome as medidas necessárias para resolvê-lo.

CAPÍTULO TRÊS

Como Fazer Uma Instalação Elétrica: Um Guia Detalhado e Seguro

A Instalação

Guia de Identificação e Solução.

Prevenção:
- Manutenção

MANUTENÇÃO

Para todo o profissional desta área,
um conceito interessante de manutenção:

Quando tudo vai bem;
Ninguém se lembra que existe.
Quando algo vai mal;
Dizem que não existe.
Quando é para gastar;
Acha-se que não é preciso que exista.
Porém, quando realmente não existe;
Todos concordam que deveria existir.

CAPÍTULO TRÊS
Como Fazer Uma Instalação Elétrica: Um Guia Detalhado e Seguro

SUA CARREIRA NA ELÉTRICA

Começando sua Carreira: Uma Jornada de Crescimento e Realização
Parabéns por dar o primeiro passo em sua jornada profissional!

Começar uma carreira é um momento empolgante, cheio de novas oportunidades e desafios. É natural sentir ansiedade e incerteza, mas lembre-se: você tem o potencial para alcançar grandes feitos.
Acredite em si mesmo. Suas habilidades, conhecimentos e entusiasmo são a base do seu sucesso. Confie em sua capacidade de aprender e crescer, e não tenha medo de enfrentar novos desafios.
Seja proativo. Busque oportunidades de aprendizado e desenvolvimento. Participe de cursos, workshops, eventos da área e conecte-se com outros profissionais. A iniciativa é fundamental para se destacar e construir uma carreira sólida

CAPÍTULO TRÊS
Como Fazer Uma Instalação Elétrica: Um Guia Detalhado e Seguro

SUA CARREIRA NA ELÉTRICA

Começando sua Carreira: Uma Jornada de Crescimento e Realização

Tenha paixão pelo que faz. Encontre um propósito em seu trabalho e busque atividades que te motivem e tragam realização. A paixão te dará a energia e a perseverança para superar obstáculos e alcançar seus objetivos.

Seja resiliente. Contratempos e dificuldades fazem parte da jornada profissional. Aprenda com os erros, levante-se após as quedas e siga em frente com ainda mais determinação. A resiliência te permitirá superar desafios e construir uma carreira resiliente.

Construa sua rede de contatos. Networking é fundamental para o sucesso profissional. Crie relacionamentos com colegas, mentores e outros profissionais da área. Essa rede de apoio te auxiliará na busca por oportunidades, na troca de conhecimentos e no seu desenvolvimento profissional.

CAPÍTULO TRÊS

Como Fazer Uma Instalação Elétrica: Um Guia Detalhado e Seguro

SUA CARREIRA NA ELÉTRICA

Começando sua Carreira: Uma Jornada de Crescimento e Realização

Lembre-se: o sucesso não acontece da noite para o dia. É preciso dedicação, trabalho duro e persistência. Tenha metas claras, mas também seja paciente e flexível. Comemore cada conquista, por menor que seja, e aprenda com cada passo da jornada.

Tenha em mente que você está começando uma aventura incrível. Acredite em seu potencial, seja proativo, apaixonado e resiliente. Com esforço e dedicação, você alcançará seus objetivos e construirá uma carreira de sucesso e realização.

Acredite em você! O futuro é promissor!

Para te inspirar:

- Leia histórias de sucesso de profissionais que você admira.
- Assista a palestras e entrevistas motivacionais.
- Participe de grupos de apoio e mentoria.
- Crie um mural de sonhos com seus objetivos profissionais.

CAPÍTULO TRÊS
Como Fazer Uma Instalação Elétrica: Um Guia Detalhado e Seguro

SUA CARREIRA NA ELÉTRICA

Começando sua Carreira: Uma Jornada de Crescimento e Realização

Lembre-se: Você não está sozinho nessa jornada. Conte com o apoio de familiares, amigos e principalmente colegas da profissão, para superar desafios e alcançar seus sonhos.

Juntos, construiremos um futuro profissional de sucesso e realização!

JOÃO DOMINGOS

Contato: jdservicomt@gmail.com

SIMBOLOGIA

Simbologia de Instalações Elétricas

Os símbolos gráficos usados nos diagramas unifilar são definidos pela norma **NBR5444**. Eles permitem conhecer a localização exata dos circuitos de iluminação, de tomadas, de telefone, ar condicionados, chuveiros, aquecedores e demais aparelhos elétricos.

Principais representações de simbologia elétrica
- Simbologia dos eletrodutos
- Simbologia dos condutores
- Simbologia dos quadros de distribuição
- Simbologia das caixas de passagem
- Simbologia dos interruptores
- Simbologia dos pontos de luz
- Simbologia das tomadas

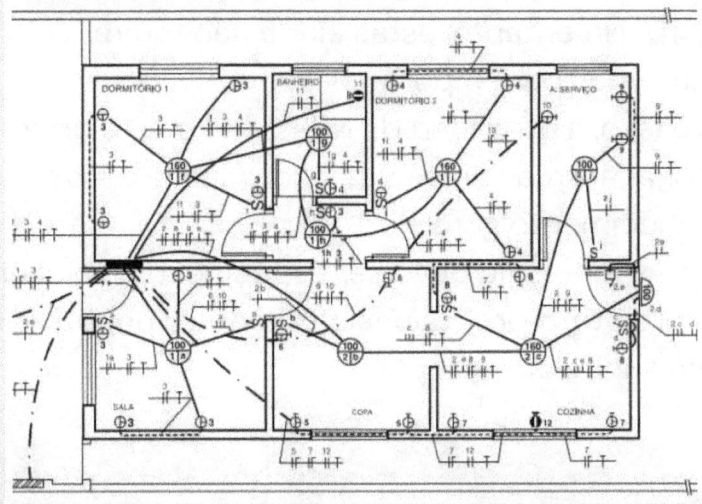

SIMBOLOGIA

Simbologia de Instalações Elétricas

A Norma **NBR5444**.
Por que usar a NBR 5444 mesmo tendo sido cancelada?
Desde 2014, a NBR 5444 foi cancelada pela ABNT, que não elaborou nenhuma outra norma em substituição a ela, alegando que estaria em um formato antigo e desatualizado.
Então, por que ainda a usamos?

O fato é que, a NBR 5444 continua sendo referência na simbologia elétrica residencial, justamente pela sua facilidade de compreensão e por não existir outra norma que a substitua.
A recomendação da ABNT é a utilização das normas internacionais: NBR IEC 60617 e NBR IEC 60417. No entanto, estas ainda não foram traduzidas para o português.
Dito isso, a utilização da NBR 5444, não é uma obrigação, mas uma sugestão, afinal ela é de conhecimento geral.
Toda simbologia deve ser especificada na legenda do projeto, o profissional pode optar por utilizar uma simbologia própria.

SIMBOLOGIA

Simbologia de Instalações Elétricas

Dutos e distribuição		
Símbolo	Significado	Observação
	Eletroduto embutido no teto ou parede	
---⦵--- Ø 25	Eletroduto embutido no piso	Para todas as dimensões em milímetros, indicar a seção, se esta não for de 15 mm
▬▬▬▬▬	Telefone no teto	
▬▮▬▮▬	Telefone no piso	
▬III▬III▬	Tubulação para campainha, som, anunciador ou outro sistema.	Indicar na legenda o sistema passante
─┼─	Condutor de fase no interior do eletroduto	Cada traço representa um condutor, indicar a seção, n° do circuito e a seção dos condutores, exceto se forem de 1,5mm²
─┤─	Condutor neutro no interior do eletroduto	
─│─	Condutor de retorno no interior do eletroduto	
─┬─	Condutor terra no interior do eletroduto	
----⊕---- Cx. pass (200x200x100)	Caixa de passagem no piso	Dimensões em mm
─⊕─ Cx. pass (200x200x100)	Caixa de passagem no teto	Dimensões em mm
─⊕─ Cx. pass (200x200x100)	Caixa de passagem na parede	Indicar a altura e se necessário fazer detalha (dimensões em mm)
↗	Eletroduto que sobe	
↙	Eletroduto que desce	
↙	Eletroduto que passa descendo	

SIMBOLOGIA

Simbologia de Instalações Elétricas

Luminárias, refletores, e lâmpadas		
Símbolo	Significado	Observação
-4- ⊘ª 2 x 100W	Ponto de luz incandescente no teto. Indicar o n.º de lâmpadas e a potência em watts	A letra minúscula indica o ponto de comando e o número entre dois traços o circuito correspondente
-4- ⊢⊘ª 2 x 60W	Ponto de luz incandescente na parede (arandela)	Deve indicar a altura da arandela
-4- ⊚ª 2 x 100W	Ponto de luz incandescente no teto embutido	
-4- ▭ª 4 x 20W	Ponto de luz fluorescente no teto (indicar o n.º de lâmpadas e na legenda o tipo de partida a reator)	A letra maiúscula indica o ponto de comando e o número entre dois traços o circuito correspondente
-4- ▭ª 4 x 20W	Ponto de luz fluorescente na parede	Deve indicar a altura da luminária
-4- ▭ª 4 x 20W	Ponto de luz fluorescente no teto (embutido)	
-4- ◐	Ponto de luz incandescente no teto em circuito vigia (emergência)	
-4- ▭	Ponto de luz fluorescente no teto em circuito vigia (emergência)	
⬤	Sinalização de tráfego (rampas, entradas, etc.).	

SIMBOLOGIA

Simbologia de Instalações Elétricas

Tomadas		
Símbolo	Significado	Observação
300VA -3-	Tomada de luz na parede, baixo (300 mm do piso acabado)	A potência deverá ser indicada ao lado em VA (exceto se for de 100VA), como também o número do circuito correspondente e a altura da tomada, se forem diferente da normalizada; se a tomada for de força, indicar o número de W ou kW.
300VA -3-	Tomada de luz a meio a altura (1300 mm do piso acabado)	
300VA -5-	Tomada de luz alta (2000 mm do piso acabado)	
	Tomada de luz no piso	
	Saída para telefone externo na parede (rede Telebrás)	
	Saída para telefone externo na parede a uma altura "h"	Especificar "h"
	Saída para telefone interno na parede	
	Saída para telefone externo no piso	
	Saída para telefone interno no piso	
	Tomada para rádio e televisão	
	Relógio elétrico no teto	

SIMBOLOGIA

Simbologia de Instalações Elétricas

Interruptores (simbologia utilizada em plantas)		
Símbolo	Significado	Observação
$\bigcirc^a$	Interruptor de uma seção	Letra minúscula indica o ponto comandado
$^a\bigcirc^b$	Interruptor de duas seções	Letras minúsculas indicam os pontos comandados
$^a\bigcirc^b_c$	Interruptor de três seções	Letras minúsculas indicam os pontos comandados
$\bullet^a$	Interruptor paralelo ou Three-Way	Letra minúscula indica o ponto comandado
$\mathbb{O}^a$	Interruptor intermediário ou Four-Way	Letra minúscula indica o ponto comandado

Símbolo	Significado	Observação
	Eletroduto que passa subindo	
I II III IV / Tomadas Caixas de pass	Sistema de calha de piso	No desenho aparecem quatro sistemas que são habitualmente: I – Luz e Força II – Telefone (TELEBRÁS) III – Telefone (P(A)BX, KS, ramais) IV – Especiais (Comunicações)
	Condutor seção 1,0mm², fase para campainha.	Se for de seção maior, indica-la
	Condutor seção 1mm², neutro para campainha.	
	Condutor seção 1mm², retorno para campainha.	

SIMBOLOGIA

Simbologia de Instalações Elétricas

	Quadro parcial de luz e força aparente
	Quadro parcial de luz e força embutido
	Quadro geral de luz e força aparente
	Quadro geral de luz e força embutido
	Caixa de telefone
	Caixa para medidor

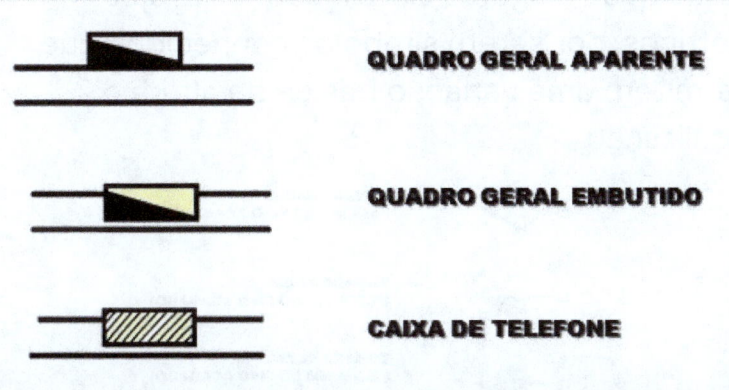

SIMBOLOGIA

Simbologia de Instalações Elétricas

Principais Simbologias

A simbologia elétrica residencial usada na norma NBR 5444 tem por base quatro figuras geométricas básicas:

- Traço: o traço pode representar um eletroduto ou um condutor elétrico no projeto elétrico.
- Círculo: o círculo pode representar um ponto de luz, um interruptor ou qualquer dispositivo embutido no teto.
- Triângulo equilátero: este símbolo indica as tomadas, sejam TUE, TUG, de telefone ou de internet.
- Quadrado: o quadrado representa qualquer tipo de elemento no piso ou conversor de energia.

Essas quatro figuras simplificam os projetos elétricos, por serem símbolos conhecidos que permitem uma variação básica de altura e localização.

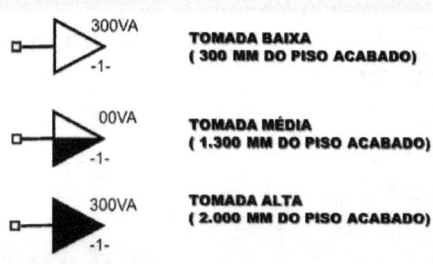

SIMBOLOGIA

Simbologia de Instalações Elétricas

Seguindo esta mesma linha de raciocínio teremos:

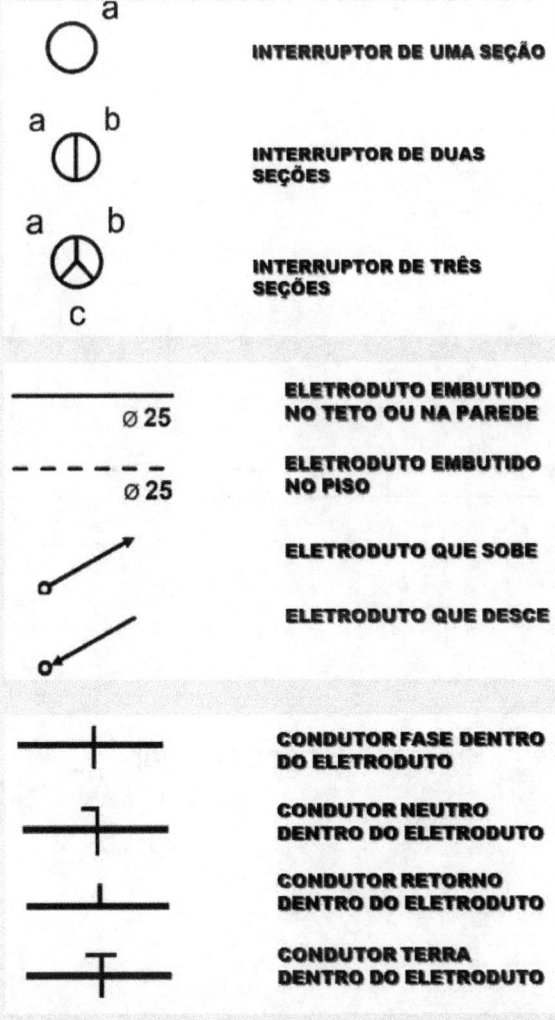

SIMBOLOGIA

Simbologia de Instalações Elétricas

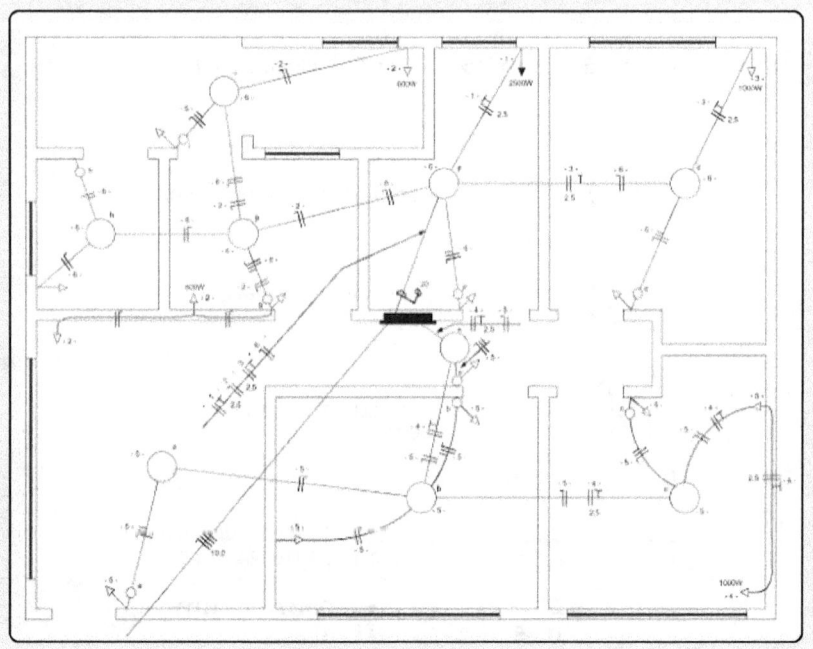

Projeto Elétrico Unifilar

SIMBOLOGIA

Simbologia de Instalações Elétricas

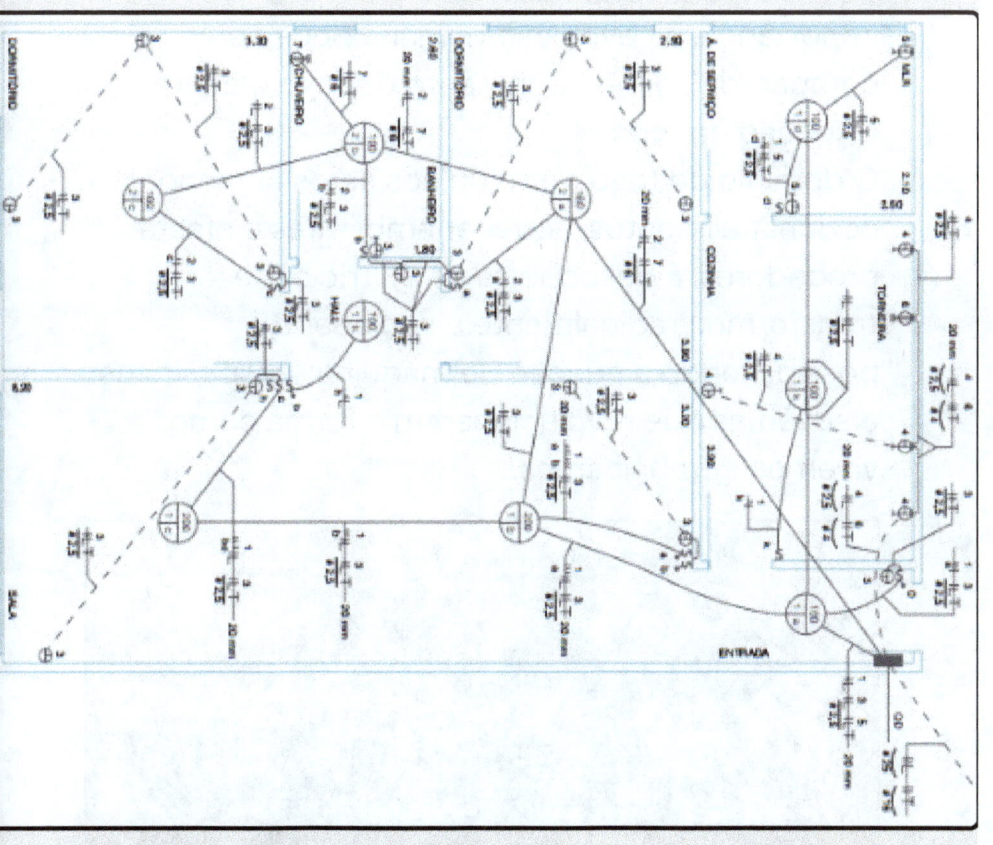

Projeto Elétrico Unifilar

A ENERGIA ELÉTRICA

Um Gigantesco Salto da Humanidade.

A energia elétrica impulsionou a evolução humana. Seu papel é fundamental em praticamente todas as áreas da vida moderna, desde iluminação e aquecimento até comunicação e transporte. Sua importância na evolução humana pode ser comparada ao descobrimento do fogo e à invenção da roda.
O domínio do fogo permitiu aos seres humanos cozinhar alimentos, aquecer ambientes e afastar predadores, a descoberta da eletricidade transformou radicalmente a sociedade, possibilitando a criação de máquinas, dispositivos e sistemas que revolucionaram a forma como vivemos e trabalhamos.

A ENERGIA ELÉTRICA

Um Gigantesco Salto da Humanidade.

Se a invenção da roda revolucionou o transporte e a logística, permitindo o movimento mais eficiente de bens e pessoas. Da mesma forma, a eletricidade revolucionou a comunicação, facilitando a transmissão de informações a longas distâncias e criando novas formas de interação social e econômica.

Assim como o fogo e a roda foram marcos na história da humanidade, o domínio da eletricidade representou um salto gigantesco no progresso tecnológico e no desenvolvimento da civilização. Sua aplicação em diversas áreas, desde a medicina até a indústria, continua a moldar o mundo em que vivemos e a impulsionar o avanço humano.

www.ingramcontent.com/pod-product-compliance
Lightning Source LLC
Chambersburg PA
CBHW070356230526
45471CB00006B/2596